AF357392

SUCCESSION DE FEU M. OTTO MUNDLER

CATALOGUE

DE

TABLEAUX

ANCIENS

DES ÉCOLES ITALIENNE, HOLLANDAISE, FLAMANDE & FRANÇAISE

VENTE AUX ENCHÈRES PUBLIQUES

HOTEL DROUOT, SALLE N° 8

Le Lundi 27 Novembre 1871

A DEUX HEURES TRÈS-PRÉCISES.

Par le ministère de M° CHARLES PILLET, commissaire-priseur,
rue de la Grange-Batelière, 10.
Assisté de M. FEBVRE, expert, 14, rue Saint-Georges,
Et de M. WARNECK, expert, rue Auber, 1.
Chez lesquels se trouve le présent Catalogue

EXPOSITIONS

PARTICULIÈRE : *Le Samedi 25 Novembre 1871.*
PUBLIQUE : *Le Dimanche 26 Novembre 1871.*

CONDITIONS DE LA VENTE

Elle sera faite au comptant.

Les adjudicataires payeront *cinq pour cent*, en sus des enchères.

Paris. — Imprimerie Pillet fils aîné, rue des Grands-Augustins, 5.

DÉSIGNATION DES TABLEAUX

ÉCOLE FRANÇAISE

BOUCHER

1 — **La Bergère.**

Une jeune fille couchée au pied d'un arbre tient à la
main une lettre et semble rêver au sujet de la lecture
qu'elle vient de faire. Un petit berger, caché derrière
un buisson, épie l'impression produite par le galant
message. Un chien aboie après un agneau couché près
de la jeune fille. La scène se passe dans un de ces riants
paysages que Boucher excellait à reproduire. Belle
qualité du maître.

2 — **La Pêche.**

Un jeune garçon et une petite fille s'amusent à pê-
cher; une paysanne, appuyée sur une vache, se trouve
derrière eux. Gracieuse composition.
Signé et daté.

CHARDIN (Attribué à SIMÉON)

3 — Jeune dame vue en buste occupée à peindre.

DUGHET (GUASPRE)

4 — Paysage arcadique.

Sur le bord d'une rivière sont assis des pasteurs; fond de paysage avec édifices.

FRAGONARD (HONORÉ)

5 — Le Berceau.

Une jeune femme, tenant sur ses genoux un livre, surveille son enfant couché près d'elle dans son berceau. Magnifique peinture, bien connue dans l'œuvre du maître.

6 — Paysage.

A droite, un pont rustique sur lequel passe un troupeau; à gauche, des lavandières sur le bord d'un torrent.

7 — Une jeune femme étendue sur un lit joue avec un jeune chien.

Composition connue sous le titre de *la Gimblette*.

GRIMOUX

8 — Portrait d'homme.

> Représenté assis, le coude gauche appuyé sur une table.

GÉRARD (Mlle)

9 — Intérieur. Des enfants se réjouissent à la vue de deux chiens que leur mère fait danser.

HYRE LAURENT (DE LA. Signé et daté)

10 — L'enlèvement d'Europe.

> Composition capitale.

INGRES

11 — Etude pour le célèbre tableau représentant saint Symphorien.

> Vente Marcotte.

JANET (Dit CLOUET. Attribué à)

12 — Portrait de François II vu en buste.

13 — Portrait de Marie Stuart.

LAFOSSE (CHARLES DE)

14 — Acis et Galathée.

LAJOUE (JACQUES)

15 — Scène de la Comédie Italienne.

NATIER

16 — Portrait de Mademoiselle Adélaïde, fille ~~naturelle~~ de
Louis XV.

Représentée de face, jusqu'aux genoux, les cheveux
poudrés ; elle porte une robe verte ornée de fourrures
et de dentelles qui encadrent son sein à demi nu ; la
main gauche retient un cahier de musique posé sur ses
genoux ; la droite élevée bat la mesure.

POUSSIN (NICOLAS)

17 — La mort d'Ajax.

RIGAULT (HYACINTHE)

18 — Portrait de femme.

Vue en buste et de grandeur naturelle. Elle porte un
élégant costume et s'enveloppe à demi dans une draperie brune.

Très-belle production.

ROBERT (LÉOPOLD)

19 — Jeune femme des environs de Naples pleurant sur les ruines de sa maison détruite par le Vésuve.

Derrière elle, se trouve son enfant couché dans un berceau.

Sujet gravé.

ÉCOLE ITALIENNE

ANTONELLO DE MESSINE

20 — Ecce homo.

BONIFACIO (FRANCESCO)

21 — La Vierge et l'Enfant assis à l'ombre d'un figuier sont adorés par saint Jean et saint Pierre.

BOTICELLI (École de)

22 — La Vierge assise tient sur ses genoux l'enfant Jésus ; à gauche saint Jean ; à droite sainte Catherine ; dans le fond, deux anges.

CAMPI DE CRÉMONE

23 — La Vierge et l'enfant Jésus.

CANALETTO

23 *bis.* — Une vue de Venise.

> A gauche, un quai bordant le grand canal où sont amarrées des gondoles qui attendent des passagers ; sur la rive opposée, dans le fond, sont des palais et l'église San Geremia, formant l'encoignure du Canareggio.

CANTARINI (SIMONE)

24 — Repos de la sainte Famille.

CARLO MARATTI

25 — La Vierge et l'Enfant.

> Ravissante miniature.

CATENA (VINCENZIO)

26 — Portrait en buste et de grandeur naturelle d'un sénateur vénitien.

CORREGIO (ANTONIO ALLEGRI)

27 — Des anges et des séraphins entourent saint Jean précurseur.

DOLCI (CARLO)

28 — Madone.

En buste, les mains jointes. Une grande draperie
bleue descend de sa tête et lui couvre les épaules.

DOSSO DOSSI

29 — La Vierge et l'enfant Jésus adorés par saint Jean.

Le groupe se trouve près d'un portique à colonnes ;
au-dessus apparaît le Père éternel, entouré d'anges
qui tiennent un dais.

ERCOLE GRANDI

30 — Portrait de François 1er, roi de France.

GENTILÉ (Attribué à DA FABRIANO)

31 — La Vierge et l'enfant Jésus.

GUERCINO (BARBIERI)

32 — Portrait du peintre.

Il est assis devant son chevalet et met la dernière
main à un tableau représentant un amour tenant en
laisse un chien.

GUARDI (FRANCESCO)

33 — Des ruines sur le bord de la mer.

> Quelques figures spirituellement touchées animent le
> site.

34 — Un bâtiment à portiques animé par quelques jolies
figures.

35 — Des ruines.

36 — Vue de l'église de la Salute (Venise.)

LANINO (BERNARDINO)

37 — La Vierge allaitant l'enfant Jésus.

38 — L'Adoration des bergers.

LOTTO (LORENZO)

39 — La Vierge s'évanouissant à la vue de son Fils mar-
chant au supplice.

LUNGHI (PIETRO)

40 — Soirée de carnaval dans un salon vénitien.

MARIOTTO (ALBERTINELLI)

41 — La Vierge debout tient dans ses bras l'enfant Jésus.

MAZZOLINO

42 — Adoration des bergers.

Jésus couché est adoré par la Vierrge, Saint Joseph
et le petit saint Jean ; fond de paysage.

MONTAGNA

43 — La Vierge en adoration devant l'enfant Jésus.

Fond de paysage accidenté.

MORETTO DA BRESCIA

44 — Saint Jérôme.

Il est à genoux devant une croix rustique. Un lion est
couché à ses pieds. Beau fond de paysage montagneux
traversé par un cours d'eau.

45 — Le Sauveur ressuscité.

Il est debout près du sépulcre.

MORONE

46 — Portrait d'homme.

Il est vu jusqu'aux genoux et vêtu de noir.

47 — Portrait d'un personnage vénitien.

Représenté en buste et de profil; il porte toque et
vêtement noir.

48 — Petit portrait d'homme vu en buste.

PALMA VECCHIO

49 — Portrait de femme, vue en buste.

PARIS BORDONE

50 — Portrait de jeune gentilhomme.

Il est vu en buste et coiffé d'une toque à plume blanche.

PIETRO NOVELLI (DETTO IL MONREALASE)

51 — Saint Sébastien.

Le saint, percé de flèches, est étendu au pied d'un arbre.

POLIDORO (VENIZIANO)

52 — Sainte Famille.

La Vierge, assise, tient sur ses genoux l'enfant Jésus; près d'elle, saint Joseph et le petit saint Jean.

RAPHAEL (D'après)

53 — Portrait du pape Léon X.

Il est assis devant une table couverte d'un tapis rouge,

où se trouvent des livres et une sonnette d'argent. Il a
la main droite sur un manuscrit et tient de la main
gauche une loupe. Sur le côté droit est le cardinal Ju-
lien de Médicis, et de l'autre côté, appuyé sur le dossier
du fauteuil, se trouve son secrétaire Louis de Rossi.
Cette magnifique copie fut exécutée, à Florence, par le
célèbre peintre français Sigalon.

RAZZI (ANTONIO DETTO IL SODOMA)

54 — Saint Sébastien.

Il est attaché à un arbre, le corps percé de flèches.
Belle étude.

ROBUSTI (JACOPO TINTORETTO)

55 — Portrait d'homme.

Buste de grandeur naturelle. Le personnage représenté est, dit-on, Martin Van Heemskerk, le peintre
hollandais.

ROMANINO (GIROLAMO)

56 — La Vierge et l'enfant Jésus.

L'Enfant, debout sur un balcon, embrasse tendre-
ment sa mère.

SOLARIO (ANDREA)

57 — Sainte Famille.

La Vierge allaite l'enfant Jésus assis sur un coussin
vert; dans le fond, debout, est saint Joseph.

SALVATOR ROSA (Signé)

58 — Poëte méditant.

Il est assis dans un paysage agreste.

SÉBASTIEN DEL PIOMBO

59 — Le Christ attaché à la colonne.

Très-belle étude pour le tableau représentant le même sujet.

VICENTINO (ANDREA)

60 — Le Christ apparaissant à sa mère.

ÉCOLES HOLLANDAISE, FLAMANDE & ALLEMANDE

AELTS (PAUL VAN)

61 — Raisins appendus et grenade sur un plat d'argent.

AVERCAMP (HENRY VAN)

62 — Paysage.

Des pêcheurs étalent leurs filets sur le rivage et vendent le produit de leur pêche.

BEYEREN (van)

63 — Un panier rempli de poissons à côté d'une cruche de
grès et de quelques légumes.

DE KEYSER (théodore)

64 — Portrait d'un magistrat hollandais.

Il est assis devant une table couverte d'un tapis
rouge et tient un livre dans la main droite.

DENNER (Signé et daté)

65 — Portrait d'un gentilhomme allemand.

Représenté debout, la main droite appuyée sur une
console dorée.

DYCK (van, attribué à)

67 — La Vierge assise.

Les yeux levés, elle tient sur ses genoux l'enfant
Jésus endormi.

68 — Saint Jean le précurseur et saint Jean l'évangéliste.

ELZHEIMER (adam)

69 — La Vierge, l'Enfant et saint Jean dans un paysage.

FYT (JEAN)

70 — Des perdrix mortes et des accessoires de chasse sont
déposés au pied d'un arbre où sont deux chiens.

HALEN (ARNOULD)

71 — Portrait d'un peintre tenant à la main un médaillon.

HEEM (DAVID DE)

72 — Un verre, des raisins et un citron sont groupés sur
une table de marbre.

HOLBEIN (HANS LE VIEUX)

73 — Portrait d'un savant, vu en buste.

Il porte toque et robe noire, et retient de la main
gauche les plis de sa robe.

HONDECOETER (MEDCHIOR)

74 — Nature morte.

Un héron, pendu par les pattes, s'étale sur une table
de pierre où se trouvent de petits oiseaux morts. Un ca-
nard est accroché à un clou du mur latéral de gauche;
un grand panier en osier rempli d'autres oiseaux, com
plète la composition.
Signé en toutes lettres.

75 — Volaille et gibier étendu sur une table de marbre.
Signé en toutes lettres.

JANSON (Van Ceulen)

76 — Portrait de jeune femme.

Elle est debout, vêtue de noir, et tient un éventail de la main droite.

LUCAS CRANACH

77 — Vénus et l'Amour.

La déesse est nue et debout, elle tient par la main le petit Amour, posé sur un piédestal. (Signé de la Salamandre.)

78 — Portrait d'un jeune homme.

Il est vêtu de noir et tient un chapelet dans ses mains jointes. (Vente Farrer. Londres.)

79 — Portrait de Martin Luther.

80 — Portrait de Catherine de Bora.

Deux pendants.

OSTADE (Adrien Van)

81 — Intérieur hollandais.

Une femme assise devant une table fait la lecture à deux villageois qui fument et boivent.

ROTTENHAMER (Jean)

82 — Le Jugement de Pâris.

RUYSDAEL (Salomon)

83 — Vue prise dans les environs de Dordrecht.

Beaux groupes d'arbres sur le bord de la Meuse.

84 — Paysage.

Un groupe d'arbres touffus bordant une mare, dans laquelle viennent boire divers animaux ; à droite, l'entrée d'un bois et une route avec voyageurs.

RUTHARD (Charles)

85 — Animaux dans un paysage.

STEEN (Jaen)

86 — Sujet tiré de l'histoire juive.

Composition capitale. Seize figures : un roi sur son trône, peut-être Assuérus, recevant la dénonciation d'Aman ; Esther est prosternée aux pieds du monarque ; dans le fond, grand nombre de docteurs et de soldats.

87 — Le Séducteur.

Un vieux personnage présente un bijou à une jeune femme qui semble toute interdite ; une vieille mégère encourage la jeune femme à accepter le présent du séducteur.

TÉNIERS (David le Jeune)

88 — Paysage.

Des villageois boivent ou fument devant la porte d'une maison rustique; à gauche, une rivière traverse un site pittoresque et boisé, vivement éclairé par les rayons du soleil sur son déclin.

89 — Vénus couchée.

Pastiche de Teniers, d'après le tableau de Titien du musée de Madrid.

WALDMULLER

90 — Paysage, cascade.

91 — Paysage, site montagneux et boisé.

ÉCOLE DE FERRARE

92 — Portrait d'Alphonse, duc de Ferrare.

Il porte le manteau d'hermine; sa main gauche est appuyée sur la garde de son épée, la droite sur son casque.

ÉCOLE LOMBARDE

93 — Hérodiade recevant la tête de saint Jean.

Le bourreau tient la tête du saint qu'il dépose dans une coupe d'albâtre oriental, placée sur une console en partie couverte d'un tapis et dont les pieds sont formés par des sphinx.

Les yeux du bourreau sont tournés vers Hérodiade, dont les traits sont empreints de la plus froide barbarie. Belle peinture de l'école de Luini.

ÉCOLE DE FERRARE

94 — Portrait de François, duc de Guise.

INCONNU

95 — Sujet allégorique.

www.ingramcontent.com/pod-product-compliance
Lightning Source LLC
LaVergne TN
LVHW011008180726
843502LV00007B/2417